Ab 10 Jahre

FUßBALL FUN 2024

XXL EM-BUCH FÜR KIDS

UMFASSENDES WISSEN INKL. SPIELPLAN

ALLE WICHTIGEN INFOS ZU STADIEN, MANNSCHAFTEN UND STARS MIT INTERESSANTEN STATISTIKEN UND UNGLAUBLICHEN FAKTEN

JULIAN MÜLLER

Inhaltsverzeichnis

ANPFIFF ZUM ABENTEUER

Willkommen zu einer spannenden Reise in die Welt des Fußballs - ein Universum voller Leidenschaft, Träume und unvergesslicher Momente.
Hast du dich je gefragt, was die EM so besonders macht? In diesem Buch entdecken wir gemeinsam unglaubliche Fakten und Anekdoten aus der Geschichte der EM.

In diesem Buch lernst du nicht nur die Stars und Mannschaften kennen, die bei der Europameisterschaft 2024 um den Titel kämpfen, sondern wirfst auch einen Blick hinter die Kulissen. Du lernst die Stadien kennen und erfährst alles Wissenswerte über sie.
Du gehst auf eine Zeitreise zu den legendären Spielen und den größten Momenten der EM-Geschichte.

Und um sicherzustellen, dass du jedes Detail des Spiels verstehst, findest du als Download ein Glossar mit allen relevanten Fußballbegriffen. Von der Bedeutung eines "Hattricks" bis hin zum "Abseits" - nach der Lektüre dieses Buches wirst du ein echter Fußballexperte sein!

"Fußball EM-Fieber 2024" ist mehr als ein Buch - es ist ein Fenster in eine Welt, die Millionen begeistert. Begleite uns auf dieser spannenden Reise und erlebe die Magie des Fußballs.
Bist du bereit, Teil dieses Abenteuers zu werden? Dann lass uns loslegen!

Das Buch ist in Schwarz-Weiß gedruckt, damit das Buch zu einem guten Preis angeboten werden kann. Denn ein Farbdruck wäre bei dieser Buchgröße deutlich teurer. Dafür gibt es neben dem Glossar auch die Flaggen und Stadien in Farbe zum Download.

Hier findest du das Glossar.

AUF EINEN BLICK

Zum zweiten Mal nach 1988 findet eine Fußball-Europameisterschaft in Deutschland statt. Die Fans können sich auf insgesamt 51 Spiele in zehn Städten freuen: Das Eröffnungsspiel zwischen Deutschland und Schottland findet am 14. Juni 2024 in München statt. Genau einen Monat später findet das Finale in Berlin statt.

Hier findest du die wichtigsten Termine im Überblick:

- Die Gruppenphase findet vom 14. bis 26. Juni 2024 statt.

- Die Achtelfinalspiele der Fußball-Europameisterschaft finden vom 29. Juni bis zum 2. Juli 2024 statt.

- Die Viertelfinalspiele der Europameisterschaft finden am 5. und 6. Juli 2024 statt.

- Die beiden Halbfinalspiele der Fußball-Europameisterschaft finden am 9. und 10. Juli 2024 statt.

- Das Endspiel der Fußball-Europameisterschaft findet am 14. Juli 2024 im Olympiastadion Berlin statt.

Bist du gespannt, wer in der deutschen Mannschaft spielt?
Bis zu 23 Spieler können nominiert werden.
Bei der EM 2021 durften die Teams wegen der Corona-Pandemie noch 26 Spieler nominieren. Nun wurde es wieder auf 23 reduziert, so wie es auch vor 2021 war.

Bis jetzt wurde der Kader, also die Gruppe der Spieler, noch nicht bekannt gegeben. Meistens erfolgt die Bekanntgabe um den letzten Bundesligaspieltag herum.

Gruppenübersicht

- Gruppe A: Deutschland, Schottland, Ungarn, Schweiz

- Gruppe B: Spanien, Kroatien, Italien, Albanien

- Gruppe C: Slowenien, Dänemark, Serbien, England

- Gruppe D: Sieger Play-Off A, Niederlande, Österreich, Frankreich

- Gruppe E: Belgien, Slowakei, Rumänien, Sieger Play-Off B

- Gruppe F: Türkei, Sieger Play-Off C, Portugal, Tschechien

Play-Offs

Im März 2024 haben zwölf Teams noch die Möglichkeit, sich für die letzten drei Plätze bei der EM zu qualifizieren. In einem komplizierten Modus, festgelegt durch die Uefa Nations League, hat sich folgender Spielplan ergeben:

Play-Off A

- 21.03.2024: Polen – Estland
- 21.03.2024: Wales – Finnland
- 26.03.2024: Wales/Finnland – Polen/Estland

Play-Off B

- 21.03.2024: Israel – Island
- 21.03.2024: Bosnien-Herzegowina – Ukraine
- 26.03.2024: Bosnien-Herzegowina/Ukraine – Israel/Island

Play-Off C

- 21.03.2024: Georgien – Luxemburg
- 21.03.2024: Griechenland – Kasachstan
- 26.03.2024: Georgien/Luxemburg – Griechenland/Kasachstan

SPIELPLAN UND GRUPPEN

Hier siehst du den Spielplan in chronologischer Reihenfolge, damit du die Spiele markieren kannst, welche für dich am interessantesten sind.

Spieltag 1

Datum	Uhrzeit	Spielort	Gruppe	Begegnung	Interessiert mich
Fr, 14.06.2024	21 Uhr	München	A	Deutschland – Schottland	
Sa, 15.06.2024	15 Uhr	Köln	A	Ungarn – Schweiz	
	18 Uhr	Berlin	B	Spanien – Kroatien	
	21 Uhr	Dortmund	B	Italien – Albanien	
So, 16.06.2024	15 Uhr	Hamburg	D	Play-Off A – Niederlande	
	18 Uhr	Stuttgart	C	Slowenien – Dänemark	
	21 Uhr	Gelsenkirchen	C	Serbien – England	
Mo, 17.06.2024	15 Uhr	München	E	Rumänien – Play-Off B	
	18 Uhr	Frankfurt	E	Belgien – Slowakei	
	21 Uhr	Düsseldorf	D	Österreich – Frankreich	
Di, 18.06.2024	18 Uhr	Dortmund	F	Türkei – Play-Off C	
	21 Uhr	Leipzig	F	Portugal – Tschechien	

Spieltag 2

Datum	Uhrzeit	Spielort	Gruppe	Begegnung	Interessiert mich
Mi, 19.06.2024	15 Uhr	Hamburg	B	Kroatien – Albanien	
	18 Uhr	Stuttgart	A	Deutschland – Ungarn	
	21 Uhr	Köln	A	Schottland – Schweiz	
Do, 20.06.2024	15 Uhr	München	C	Slowenien – Serbien	
	18 Uhr	Frankfurt	C	Dänemark – England	
	21 Uhr	Gelsenkirchen	B	Spanien – Italien	
Fr, 21.06.2024	15 Uhr	Düsseldorf	E	Slowakei – Play-Off B	
	18 Uhr	Berlin	D	Play-Off A – Österreich	
	21 Uhr	Leipzig	D	Niederlande – Frankreich	
Sa, 22.06.2024	15 Uhr	Hamburg	F	Play-Off C – Tschechien	
	18 Uhr	Dortmund	F	Türkei – Portugal	
	21 Uhr	Köln	E	Belgien – Rumänien	

Spieltag 3

Datum	Uhrzeit	Spielort	Gruppe	Begegnung	Interessiert mich
So, 23.06.2024	21 Uhr	Frankfurt	A	Schweiz - Deutschland	
	21 Uhr	Stuttgart	A	Schottland - Ungarn	
Mo, 24.06.2024	21 Uhr	Leipzig	B	Kroatien - Italien	
	21 Uhr	Düsseldorf	B	Albanien - Spanien	
Di, 25.06.2024	18 Uhr	Berlin	D	Niederlande - Österreich	
	18 Uhr	Dortmund	D	Frankreich - Play-Off A	
	21 Uhr	Köln	C	England - Slowenien	
	21 Uhr	München	C	Dänemark - Serbien	
Mi, 26.06.2024	18 Uhr	Frankfurt	E	Slowakei - Rumänien	
	18 Uhr	Stuttgart	E	Play-Off B - Belgien	
	21 Uhr	Hamburg	F	Tschechien - Türkei	
	21 Uhr	Gelsenkirchen	F	Play-Off C - Portugal	

Gruppe A

So starten die Mannschaften in Gruppe A.

Deutschland | Schottland

Ungarn | Schweiz

Füll die Tabelle während der EM aus, am Besten mit Bleistift.

Mannschaft	Punkte	Tore

München
14.06.2024 – 21 Uhr

Trage dein Ergebnis ein

Deutschland

Hier das tatsächliche Ergebnis

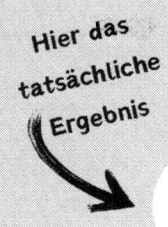

Schottland

:

:

Karten

Torschüsse

Karten

Torschüsse

Köln
15.06.2024 – 15 Uhr

Ungarn

Schweiz

:

:

Karten

Torschüsse

Karten

Torschüsse

Stuttgart
19.06.2024 – 18 Uhr

Deutschland

Ungarn

:

:

Karten

Torschüsse

Karten

Torschüsse

Schottland

Köln

19.06.2024 – 21 Uhr

Schweiz

:

:

Karten

Torschüsse

Karten

Torschüsse

Schweiz

Frankfurt

23.06.2024 – 21 Uhr

Deutschland

:

:

Karten

Torschüsse

Karten

Torschüsse

Schottland

Stuttgart

23.06.2024 – 21 Uhr

Ungarn

:

:

Karten

Torschüsse

Karten

Torschüsse

Gruppe B

So starten die Mannschaften in Gruppe B.

Spanien		Kroatien
Italien		Albanien

Mannschaft	Punkte	Tore

Spanien

Berlin

15.06.2024 – 18 Uhr

:

:

Karten

Torschüsse

Kroatien

Karten

Torschüsse

Italien

Dortmund

15.06.2024 – 21 Uhr

:

:

Karten

Torschüsse

Albanien

Karten

Torschüsse

Albanien

Hamburg

19.06.2024 – 15 Uhr

:

:

Karten

Torschüsse

Kroatien

Karten

Torschüsse

Spanien

Gelsenkirchen

20.06.2024 – 21 Uhr

Italien

:

:

Karten

Torschüsse

Karten

Torschüsse

Albanien

Düsseldorf

24.06.2024 – 21 Uhr

Spanien

:

:

Karten

Torschüsse

Karten

Torschüsse

Kroatien

Leipzig

24.06.2024 – 21 Uhr

Italien

:

:

Karten

Torschüsse

Karten

Torschüsse

Gruppe C

So starten die Mannschaften in Gruppe C.

Slowenien

Dänemark

Serbien

England

Mannschaft	Punkte	Tore

Slowenien

Stuttgart

16.06.2024 – 18 Uhr

:

:

Dänemark

Karten

Torschüsse

Karten

Torschüsse

Serbien

Gelsenkirchen

16.06.2024 – 21 Uhr

:

:

England

Karten

Torschüsse

Karten

Torschüsse

Dänemark

Frankfurt

20.06.2024 – 18 Uhr

:

:

England

Karten

Torschüsse

Karten

Torschüsse

München

20.06.2024 – 15 Uhr

Slowenien

Serbien

Karten

Torschüsse

:

:

Karten

Torschüsse

Köln

25.06.2024 – 21 Uhr

England

Slowenien

Karten

Torschüsse

:

:

Karten

Torschüsse

München

25.06.2024 – 21 Uhr

Dänemark

Serbien

Karten

Torschüsse

:

:

Karten

Torschüsse

Gruppe D

So starten die Mannschaften in Gruppe D.

Play-Off
Sieger A

Niederlande

Österreich

Frankreich

Mannschaft	Punkte	Tore

Hamburg
16.06.2024 – 15 Uhr

Play-Off A

Niederlande

:

:

Karten

Torschüsse

Karten

Torschüsse

Düsseldorf
17.06.2024 – 21 Uhr

Österreich

Frankreich

:

:

Karten

Torschüsse

Karten

Torschüsse

Berlin
21.06.2024 – 18 Uhr

Play-Off A

Österreich

:

:

Karten

Torschüsse

Karten

Torschüsse

Niederlande

Leipzig
21.06.2024 – 21 Uhr

Frankreich

:

:

Karten

Torschüsse

Karten

Torschüsse

Frankreich

Dortmund
25.06.2024 – 18 Uhr

Play-Off A

:

:

Karten

Torschüsse

Karten

Torschüsse

Niederlande

Berlin
25.06.2024 – 18 Uhr

Österreich

:

:

Karten

Torschüsse

Karten

Torschüsse

Gruppe E

So starten die Mannschaften in Gruppe E.

Belgien | Slowakei

Rumänien | Play-Off B

Mannschaft	Punkte	Tore

München

17.06.2024 – 15 Uhr

Rumänien

Play-Off B

Karten

Karten

: :

Torschüsse

: :

Torschüsse

Frankfurt

17.06.2024 – 18 Uhr

Belgien

Slowakei

Karten

Karten

: :

Torschüsse

: :

Torschüsse

Düsseldorf

21.06.2024 – 15 Uhr

Slowakei

Play-Off B

Karten

Karten

: :

Torschüsse

: :

Torschüsse

Belgien

Köln

22.06.2024 – 21 Uhr

:

:

Karten

Torschüsse

Rumänien

Karten

Torschüsse

Play-Off B

Stuttgart

26.06.2024 – 18 Uhr

:

:

Karten

Torschüsse

Belgien

Karten

Torschüsse

Slowakei

Frankfurt

26.06.2024 – 18 Uhr

:

:

Karten

Torschüsse

Rumänien

Karten

Torschüsse

Gruppe F

So starten die Mannschaften in Gruppe F.

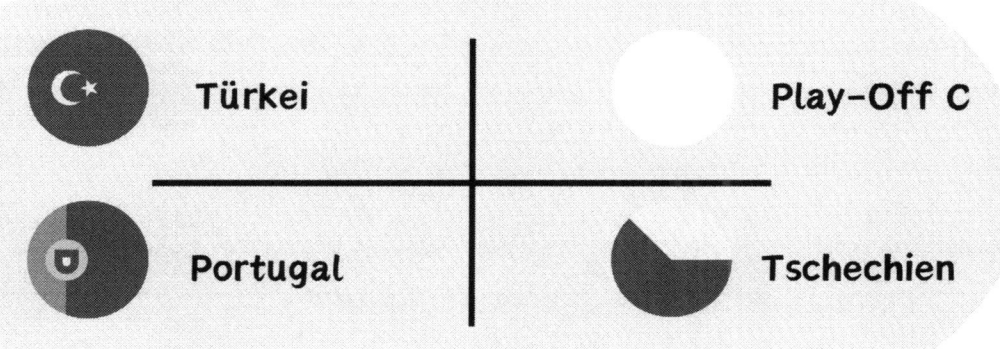

Türkei   Play-Off C

Portugal   Tschechien

Mannschaft	Punkte	Tore

Türkei

Dortmund

18.06.2024 – 18 Uhr

Play-Off C

Karten

Torschüsse

:

:

Karten

Torschüsse

Portugal

Leipzig

18.06.2024 – 21 Uhr

Tschechien

Karten

Torschüsse

:

:

Karten

Torschüsse

Türkei

Dortmund

22.06.2024 – 18 Uhr

Portugal

Karten

Torschüsse

:

:

Karten

Torschüsse

Play-Off C

Hamburg

22.06.2024 – 15 Uhr

Tschechien

Karten

Torschüsse

:

:

Karten

Torschüsse

Tschechien

Hamburg

26.06.2024 – 21 Uhr

Türkei

Karten

Torschüsse

:

:

Karten

Torschüsse

Play-Off C

Gelsenkirchen

26.06.2024 – 21 Uhr

Portugal

Karten

Torschüsse

:

:

Karten

Torschüsse

Achtelfinale

Wir sind jetzt in der Phase, wo die Spiele intensiver, die Taktiken ausgeklügelter und die Momente unvergesslich werden. Sechzehn Teams, die aus der Gruppenphase hervorgegangen sind, bereit, alles auf dem Platz zu geben, um ihren Traum vom Europameister weiterzuverfolgen. Es ist der Moment, in dem gute Spieler zu Helden und Teams zu Legenden werden.

Jedes Match ist wie ein packender Thriller, voller Wendungen, spektakulärer Tore und atemberaubender Rettungsaktionen. Hier zählt nicht nur die Fähigkeit, den Ball zu kontrollieren, sondern auch der unerschütterliche Wille, den Sieg zu erringen.

Es geht um Stolz, Leidenschaft und die einmalige Chance, sich auf Europas größter Fußballbühne zu beweisen.

Welche Mannschaften werden nach dem Achtelfinale weiterkommen? Schreib deine Favoriten auf.

Berlin
29.06.2024 – 18 Uhr

:

:

Karten

Torschüsse

Karten

Torschüsse

Dortmund
29.06.2024 – 21 Uhr

:

:

Karten

Torschüsse

Karten

Torschüsse

Gelsenkirchen
30.06.2024 – 18 Uhr

:

:

Karten

Torschüsse

Karten

Torschüsse

Köln

30.06.2024 – 21 Uhr

:

:

Karten   Karten

Torschüsse   Torschüsse

Düsseldorf

01.07.2024 – 18 Uhr

:

:

Karten   Karten

Torschüsse   Torschüsse

Frankfurt

01.07.2024 – 21 Uhr

:

:

Karten   Karten

Torschüsse   Torschüsse

München
02.07.2024 – 18 Uhr

:

:

Karten

Torschüsse

Karten

Torschüsse

Leipzig
02.07.2024 – 21 Uhr

:

:

Karten

Torschüsse

Karten

Torschüsse

Viertelfinale

Mit dem Viertelfinale vor Augen betreten wir eine Arena, in der jede Sekunde, jeder Pass und jedes Tor nicht nur das Spiel verändern, sondern auch Träume definieren.

Acht Mannschaften haben sich mit Talent, Entschlossenheit und Teamgeist bis hierher gekämpft. Doch nun wird das Spiel noch härter, die Taktik noch raffinierter und die Atmosphäre noch elektrisierender.

Spieler werden zu Helden, Trainer zu Strategen und Fans zu Zeugen von Fußball in seiner reinsten und leidenschaftlichsten Form.
Mach dich bereit, in eine Welt einzutauchen, in der jede Aktion zählt und jeder Moment über Weiterkommen oder Ausscheiden entscheiden kann.

Es ist ein Test des Willens, des Könnens und des unbedingten Glaubens an den Sieg. Was denkst du – welche Mannschaften bestehen diesen Test und kommen ins Halbfinale? Schreib sie auf.

Stuttgart
05.07.2024 – 18 Uhr

:

:

Karten

Torschüsse

Karten

Torschüsse

Hamburg
05.07.2024 – 21 Uhr

:

:

Karten

Torschüsse

Karten

Torschüsse

Düsseldorf
06.07.2024 – 18 Uhr

:

:

Karten

Torschüsse

Karten

Torschüsse

Berlin

06.07.2024 – 21 Uhr

:

Karten

:

Karten

Torschüsse

Torschüsse

Halbfinale

Vier Teams stehen nun im Rampenlicht, jedes mit der Chance, ins große Finale einzuziehen und Geschichte zu schreiben. Doch der Weg hierher war alles andere als einfach; er war geprägt von unvergesslichen Momenten, spektakulären Toren und Spielen, welche in die Geschichte des europäischen Fußballs eingehen werden.

Erinnern wir uns zurück an das Halbfinale der EM 1996, als Deutschland und England in einem epischen Elfmeterschießen aufeinandertrafen, in dem sich die Deutschen schließlich durchsetzten. Oder an das Halbfinale der EM 2012, in dem Spanien Portugal in einem nervenaufreibenden Elfmeterschießen besiegte, um seinen Traum von der Titelverteidigung am Leben zu erhalten.

Diese Momente sind nicht nur Höhepunkte des Sports, sondern auch Zeugnisse des menschlichen Willens und der Leidenschaft, die den Fußball so faszinierend machen.

Bereite dich vor auf eine Achterbahn der Gefühle, denn das Halbfinale der EM 2024 wird zweifellos Fußball von seiner besten Seite zeigen: packende Duelle, unerwartete Wendungen und herausragende Spieler.

Welche 2 Mannschaften schaffen es ins Finale?

München
09.07.2024 – 21 Uhr

Karten

Torschüsse

:

:

Karten

Torschüsse

Dortmund
10.07.2024 – 21 Uhr

Karten

Torschüsse

:

:

Karten

Torschüsse

Finale

Dies ist der Moment, auf den die ganze Welt gewartet hat – eine Schlacht zwischen den zwei stärksten Teams des Turniers, die sich durch Talent, Entschlossenheit und Teamgeist bis an die Spitze gekämpft haben. Doch am Ende kann nur einer den Thron besteigen und sich Europameister nennen.

Erinnern wir uns an einige der atemberaubendsten Finalspiele in der Geschichte der Europameisterschaft: Das Jahr 2000, als Frankreich und Italien in einem nervenzerreißenden Finale aufeinandertrafen, das erst in der Verlängerung durch ein goldenes Tor von David Trezeguet entschieden wurde. Oder das Finale von 2016, als Portugal gegen Frankreich antrat, in einem Spiel, das bis in die Verlängerung ging und durch ein überraschendes Tor von Éder entschieden wurde – ein Moment, der Portugal seinen ersten großen internationalen Titel sicherte.

Wer wird das Halbfinale gewinnen und Europameister 2024?

Berlin

14.07.2024 – 21 Uhr

:

:

Karten

Torschüsse

Karten

Torschüsse

Was hat dir am Finale am besten gefallen?

Wer waren die besten Spieler?

Hier kannst du deine Gedanken zum Finale aufschreiben.

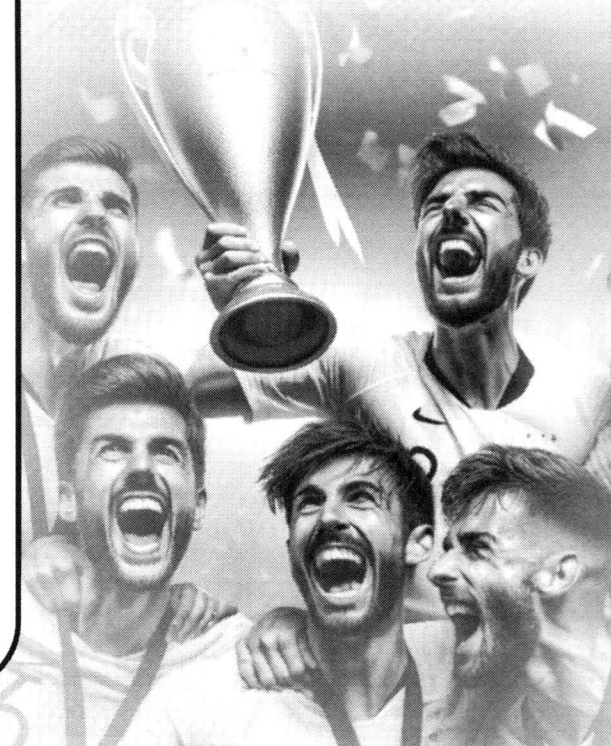

FAKTEN UND REKORDE

Spieler mit den meisten EM-Spielen

Cristiano Ronaldo absolvierte 25 Spiele bei 5 Europameisterschaften. Den zweiten Platz teilen sich ebenfalls zwei Portugiesen: Sowohl Pepe als auch João Moutinho kommen auf 19 Spiele. Auf Platz 4 folgt Bastian Schweinsteiger mit 18 Einsätzen.

Land mit den meisten EM-Titeln

Deutschland und Spanien, die beide dreimal den Titel gewannen, teilen sich diesen Rekord. Deutschland 1972, 1980 und 1996 sowie Spanien 1964, 2008 und 2012.

Als Trainer und Spieler EM-Sieger

Berti Vogts wurde 1972 als Spieler und 1996 als Trainer der Bundesrepublik Deutschland Europameister. Damit ist er der einzige, der sowohl als Spieler als auch als Trainer Europameister wurde.
Als Spieler hatte er den Spitznamen "Terrier", weil er ein sehr starker Verteidiger war.

Keine Tore im Finale

Das Finale der Europameisterschaft 1984 zwischen Frankreich und Spanien war das erste Endspiel, das in der regulären Spielzeit torlos endete, ehe Michel Platini den entscheidenden Treffer erzielte.

Erstes Elfmeterschießen

Das erste Elfmeterschießen bei einer EM fand 1976 im Finale zwischen der Tschechoslowakei und Deutschland statt, wobei die Tschechoslowakei triumphieren konnte.

Vom Torwart zum Feldspieler

Bei der EM 2008 musste der türkische Torwart Volkan Demirel im Viertelfinale gegen Kroatien nach einem Platzverweis für einen Feldspieler im Elfmeterschießen als Feldspieler agieren.

Englands Elfmeterfluch

England ist berüchtigt für seine Pechsträhne im Elfmeterschießen bei großen Turnieren. Bis 2021 hat England insgesamt neun Elfmeterschießen bei Europa- und Weltmeisterschaften bestritten und sieben davon verloren.

Die erste Europameisterschaft

1960 war die erste Europameister-schaft. Die erste Ausgabe des Turniers hieß noch ''Europapokal der Nationen'' und fand in Frankreich statt. Die Sowjetunion ging als erster Sieger in die Geschichte ein, nachdem sie Jugoslawien im Finale mit 2:1 besiegt hatte.

Anzahl Tore EM 2021

Bei der EM 2021 in elf Ländern Europas wurden in den 51 Spielen 142 Tore erzielt. Dies entsprach einem Schnitt von 2,78 Toren je Spiel.

Häufigste EM-Teilnahmen

Insgesamt nimmt die deutsche Nationalmannschaft mit der EM 2024 eingerechnet 12-mal an einer EM teil und damit häufiger als jede andere europäische Nation.

Platz 1 der ewigen EM-Tabelle

Die ewige Tabelle ist eine Liste, bei der alle Ergebnisse der Europameisterschaften zusammengefasst werden. Deutschland führt die ewige EM-Tabelle mit 53 Spielen und 94 erreichten Punkten an.
Auf Platz zwei steht Italien, welche 45 Spiele und 81 Punkte erreicht haben. An dritter Stelle ist Spanien mit 46 Spielen und 78 Punkte.

Der älteste Spieler einer EM

Der ungarische Torhüter Gábor Király ist der älteste Spieler, der bei einer EM spielte. Er stellte diesen Rekord während der UEFA Euro 2016 in Frankreich auf. Er war 40 Jahre und 74 Tage alt, als er im Achtelfinale gegen Belgien am 26. Juni 2016 für Ungarn spielte.

Das schnellste Tor

Das schnellste Tor in der Geschichte der EM erzielte der Russe Dmitri Kiritschenko bei der UEFA EURO 2004 gegen Griechenland nach nur 67 Sekunden.

Die meisten EM-Tore

Cristiano Ronaldo hat über mehrere Turniere hinweg insgesamt 14 Tore erzielt, beginnend mit seiner ersten Teilnahme im Jahr 2004 bis zur Euro 2020.

Panenka-Elfmeter

Im EM-Finale 1976 erfand der Tschechoslowake Antonín Panenka den "Panenka-Elfmeter", einen frechen Chip in die Mitte des Tores, nachdem der Torwart sich bewegt hatte.

Die meisten Tore bei einer EM

Michel Platini erzielte 1984 in Frankreich 9 Tore in einem einzigen Turnier, ein Rekord für die meisten Tore in einer einzelnen EM.

Islands Leistung

Bei der EM 2016 erreichte Island, eine Nation mit weniger als 350.000 Einwohnern, das Viertelfinale, die beste Leistung eines Debütanten seit Schweden 1992.

EM-Sieg im eigenen Land

Nur drei Mannschaften haben eine Europameisterschaft im eigenen Land gewonnen: Spanien (1964), Italien (1968) und Frankreich (1984).

Mehrere Gastgeberländer

Die Euro 2020 war das erste Turnier, das in ganz Europa ausgetragen wurde, mit 12 verschiedenen Gastgeberstädten, um den 60. Jahrestag des Turniers zu feiern.

TEAMS UND STARS

Willkommen zum Herzstück der Fußball-Europameisterschaft 2024: Den Teams mit ihren Stars, die den Traum vom Ruhm auf dem grünen Rasen verwirklichen!
In diesem Kapitel werfen wir einen genaueren Blick auf die 21 Teams, die sich bereits qualifiziert haben. Insgesamt werden 24 Teams teilnehmen, die restlichen 3 Teams werden aber noch in den Play-Offs ermittelt.

Als dieses Buch geschrieben wurde, waren noch nicht alle Kader veröffentlicht. Trotzdem kannst du mehr über die Stars der einzelnen Mannschaften lesen, die sicherlich bei der EM dabei sein werden.
Wusstest du, dass die Mannschaften für ihre Teilnahme, ihre Siege und das Finale auch Geld bekommen? Die UEFA stellt insgesamt 331 Millionen Euro für die verschiedenen Preisgelder zur Verfügung.

Die 24 EM-Teilnehmer erhalten ein Startgeld in Höhe von 9,25 Millionen Euro, für das Erreichen des Achtelfinales gibt es 1,5 Millionen Euro. Wer das Viertelfinale erreicht, erhält weitere 2,5 Millionen Euro. Die Halbfinalisten erhalten 4 Millionen Euro, der unterlegene Finalist 5 Millionen Euro. Der Sieger erhält 8 Millionen Euro.
Jedes gewonnene Gruppenspiel bringt zusätzlich 1 Million Euro, jedes Unentschieden 500.000 Euro.
Im besten Fall erhält der Europameister insgesamt 28,25 Millionen Euro an UEFA-Prämien.

Was genau mit dem Geld geschieht, ist je nach Nationalmannschaft und dem Fußballverband des Landes unterschiedlich.
Welche Prämien der Deutsche Fußball-Bund an die Nationalmannschaft verteilen wird, ist noch nicht bekannt. Die deutschen Spieler der EM 2021 hätten im
Falle des Titelgewinns eine Prämie von jeweils 400.000 Euro erhalten.

Wenn du die Flaggen in Farbe sehen möchtest, dann benutze den QR-Code rechts neben diesem Text. Im Download findest du alle Flaggen in Farbe.

Albanien

Die albanische Nationalmannschaft hat sich bei der Europameisterschaft 2016 in Frankreich gut geschlagen.

Albanien gehört zu den Überraschungen der EM-Qualifikation in der Gruppe E. Das albanische Team setzte sich gegen Polen, Tschechien, Moldawien und die Färöer-Inseln durch. Mit einem 1:1-Unentschieden am vorletzten Spieltag auswärts gegen Moldawien sicherten sich die Albaner vorzeitig den Gruppensieg.

Bei der Europameisterschaft 2024 geht Albanien als krasser Außenseiter an den Start, denn die Mannschaft liegt in der FIFA-Weltrangliste nur auf Platz 59 und hat in der Gruppe B mit Spanien, Kroatien und Italien schwere Gegner!

Die albanische Nationalmannschaft wird vom Brasilianer Sylvinho trainiert. Neben Klaus Gjasula, der beim SV Darmstadt 98 spielt, wird Albanien wohl auch mit seinen Stars Armando Broja (FC Chelsea) und Kristjan Asllani (Inter Mailand) im Team die EM bestreiten.

Armando Broja

Aktuelles Team: FC Chelsea

Geburtstag: 10.09.2001

Position: Sturm

Größe: 1,91 m

Länderspiele: 17

Aktueller Marktwert: 28 Mio. €

Kristjan Asllani

Aktuelles Team: Inter Mailand

Geburtstag: 09.03.2002

Position: Defensives Mittelfeld

Größe: 1,75 m

Länderspiele: 16

Aktueller Marktwert: 14 Mio. €

Belgien

Die belgische Mannschaft galt lange Zeit als sehr stark. Zwischen 2018 und 2023 standen sie insgesamt 1442 Tage auf Platz 1 der FIFA-Weltrangliste!
In der aktuellen FIFA-Weltrangliste belegt Belgien hinter der Nationalmannschaft Brasiliens, dem amtierenden Weltmeister Argentinien und dem Vize-Weltmeister Frankreich den vierten Platz und gehört damit weiterhin zu den besten Fußballmannschaften der Welt.

Mit Kevin de Bruyne, derzeit bei Manchester City unter Vertrag, haben die Belgier einen starken Kapitän.

Die bisher größten Erfolge der ''Roten Teufel'', wie die Mannschaft auch genannt wird, waren der Olympiasieg 1920, der zweite Platz bei der EM 1980 und der dritte Platz bei der WM 2018.

In der Qualifikation für die EM 2024 trafen sie auf Österreich, Schweden, Aserbaidschan und Estland. Mit den ersten beiden Mannschaften standen auch erfahrene Gegner auf dem Feld.

Die Stars der belgischen Mannschaft

Kevin De Bruyne

Aktuelles Team: Manchester City

Geburtstag: 28.06.1991

Position: Offensives Mittelfeld

Größe: 1,81 m

Länderspiele: 99

Aktueller Marktwert: 60 Mio. €

Romelu Lukaku

Aktuelles Team: AS Rom

Geburtstag: 13.05.1993

Position: Mittelstürmer

Größe: 1,91 m

Länderspiele: 113

Aktueller Marktwert: 35 Mio. €

Dänemark

Bei der EM 2021 erreichte Dänemark das Halbfinale und auch die Qualifikation für die WM 2022 verlief zunächst sehr erfolgreich. Doch bei der WM-Endrunde in Katar schossen sie nur ein Tor und fuhren mit einem Punkt nach Hause – und das, obwohl sie als Überraschungsmannschaft galten.

Nun hofft Dänemark auf eine Chance bei der EM 2024 in Deutschland, um die leidenschaftlichen dänischen Fans wieder zu begeistern.
Dabei treffen sie in der Gruppenphase auf Mannschaften wie England, Serbien und Slowenien, die es ihnen nicht leicht machen werden.

Mit ihren bekanntesten Spielern Yussuf Poulsen, der bei RB Leipzig spielt, und Christian Eriksen, der bei Manchester United unter Vertrag steht und mehrfach zum Spieler des Jahres gewählt wurde, haben sie auf jeden Fall gute Chancen.

Die Stars der dänischen Mannschaft

Yussuf Poulsen

Aktuelles Team: RB Leipzig

Geburtstag: 15.06.1994

Position: Mittelstürmer

Größe: 1,92 m

Länderspiele: 76

Aktueller Marktwert: 7 Mio. €

Christian Eriksen

Aktuelles Team: Manchester United

Geburtstag: 14.02.1992

Position: Zentrales Mittelfeld

Größe: 1,82 m

Länderspiele: 126

Aktueller Marktwert: 13 Mio. €

Deutschland

Mit dem Heimvorteil und den eigenen Fans im Rücken könnte Deutschland zum vierten Mal Fußball-Europameister werden.

Einfach wird es allerdings nicht, denn im September 2023 hat Deutschland den Ex-Bayern-Trainer Julian Nagelsmann als neuen Nationaltrainer bekommen. Und die letzten Spiele im Jahre 2023 liefen nicht alle so gut.

Aber die deutsche Mannschaft hat viele Spitzenspieler. Obwohl der Kader noch nicht feststeht, sind die meisten Spieler des Kaders von 2022 unter 30 Jahre alt und könnten auch 2024 spielen. Dazu gehört der Bayern-Block mit Spielern wie Serge Gnabry, Leroy Sané, Leon Goretzka und Joshua Kimmich.

Aber es gibt auch erfahrene Spieler über 30, die Deutschland immer wieder nach vorne gebracht haben: Weltklasse-Torhüter Manuel Neuer, Kapitän Ilkay Gündogan und Thomas Müller.

Das sind alles erfahrene Spieler, und wenn sie im Kader stehen, ist das sicher ein Vorteil für Deutschland.

Die Stars der deutschen Mannschaft

Manuel Neuer

Aktuelles Team: FC Bayern München

Geburtstag: 27.06.1986

Position: Torwart

Größe: 1,93 m

Länderspiele: 117

Aktueller Marktwert: 5 Mio. €

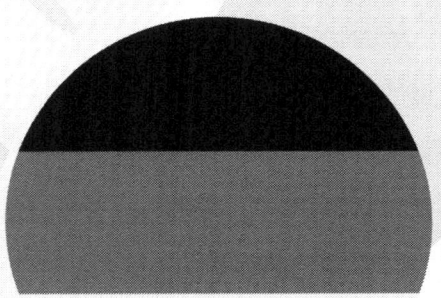

Thomas Müller

Aktuelles Team: FC Bayern München

Geburtstag: 13.09.1989

Position: Hängende Spitze

Größe: 1,85 m

Länderspiele: 126

Aktueller Marktwert: 10 Mio. €

Ilkay Gündogan

Aktuelles Team: FC Barcelona

Geburtstag: 24.10.1990

Position: Zentrales Mittelfeld

Größe: 1,80 m

Länderspiele: 73

Aktueller Marktwert: 18 Mio. €

England

Zum elften Mal nimmt die englische Fußballnationalmannschaft an einer Europameisterschaft teil.

Das beste Ergebnis war die EM 2021 mit dem Finale im eigenen Land vor heimischem Publikum in London, wo man Italien in der Verlängerung mit 3:2 unterlag.

In der Qualifikation zur EM 2024 kam es zur Neuauflage des EM-Finales von 2021. England traf auf Europameister Italien und holte sich mit einem 2:1 den Sieg.

Die Three Lions, wie die englische Mannschaft auch genannt wird, von Trainer Gareth Southgate müssen Erster oder Zweiter werden, um sich für die EM zu qualifizieren.

Die englischen Starspieler wie Kapitän und Bayern München-Spieler Harry Kane, Raheem Sterling (FC Chelsea) und Jude Bellingham (Real Madrid) werden sicherlich alles daran setzen, eine Blamage zu vermeiden.

Aktuell sind sie auf Platz 3 der FIFA Weltrangliste und somit knapp hinter Argentinien und Frankreich.

Die Stars der englischen Mannschaft

Harry Kane

Aktuelles Team: FC Bayern München

Geburtstag: 28.07.1993

Position: Mittelstürmer

Größe: 1,88 m

Länderspiele: 89

Aktueller Marktwert: 110 Mio. €

Jude Bellingham

Aktuelles Team: Real Madrid

Geburtstag: 29.06.2003

Position: Offensives Mittelfeld

Größe: 1,86 m

Länderspiele: 27

Aktueller Marktwert: 180 Mio. €

Raheem Sterling

Aktuelles Team: FC Chelsea

Geburtstag: 08.12.1994

Position: Linksaußen

Größe: 1,70 m

Länderspiele: 82

Aktueller Marktwert: 45 Mio. €

Frankreich

Frankreich ist der klare Favorit für die EM 2024.

In der aktuellen FIFA-Weltrangliste belegt Frankreich den 3. Platz, hat alle Qualifikationsspiele gewonnen und verfügt mit 10 EM-Endrunden, an denen Frankreich teilgenommen hat, über die nötige Erfahrung.

Ihre Qualität hat die französische Nationalmannschaft auch als Weltmeister 2018 und Vize-Weltmeister 2022 unter Beweis gestellt.

Mit Weltklassespielern wie Kapitän Kylian Mbappé (Paris Saint-Germain), William Saliba (FC Arsenal) und Randal Kolo Muani (Paris Saint-Germain) sind die Franzosen gut aufgestellt.

In der Gruppe D trifft Frankreich auf Österreich, die Niederlande und einen Play-Off-Teilnehmer. Dieser könnte aus Polen, Estland, Wales oder Finnland kommen. Damit hat Frankreich mit Österreich und den Niederlanden zwei Mannschaften in der Gruppe, die es den Franzosen nicht leicht machen werden.

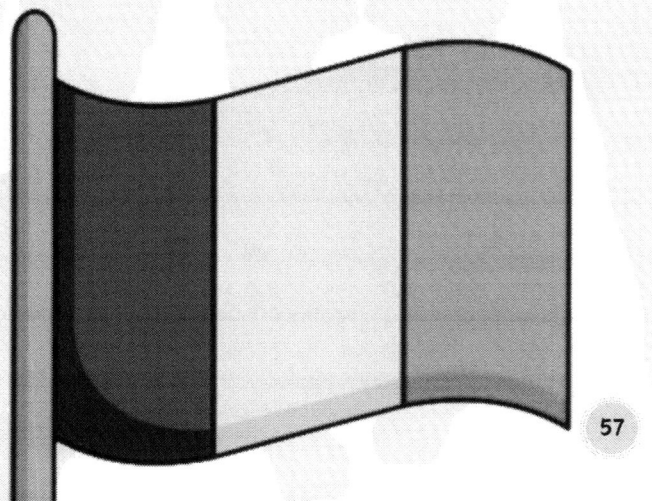

Die Stars der französischen Mannschaft

Kylian Mbappé

Aktuelles Team: Paris Saint-Germain

Geburtstag: 20.12.1998

Position: Mittelstürmer

Größe: 1,78 m

Länderspiele: 75

Aktueller Marktwert: 180 Mio. €

William Saliba

Aktuelles Team: FC Arsenal

Geburtstag: 24.03.2001

Position: Innenverteidiger

Größe: 1,92 m

Länderspiele: 12

Aktueller Marktwert: 75 Mio. €

Randal Kolo Muani

Aktuelles Team: Paris Saint-Germain

Geburtstag: 05.12.1998

Position: Mittelstürmer

Größe: 1,87 m

Länderspiele: 13

Aktueller Marktwert: 70 Mio. €

Italien

Der amtierende Europameister ist Italien, sie sind also die Titelverteidiger.

Die ''Squadra Azzurra'', wie sie auch genannt wird, hat legendäre Spieler und Mannschaften hervorgebracht. In letzter Zeit haben sie sich bei internationalen Turnieren eher abwechselnd gut und schlecht geschlagen.

Nun treffen sie in der Gruppenphase auf Kroatien, Spanien und Albanien. Keine leichten Gegner.

Der Kader für die EM wurde noch nicht bekannt gegeben. Kapitän und Torhüter Gianluigi Donnarumma (Paris Saint-Germain) ist mit Mitte 20 einer der besten Torhüter. Auch Nicolò Barella (Inter Mailand) und Federico Dimarco (Inter Mailand) sind wichtige Spieler, welche sich gut ergänzen.

Italien ist auf jeden Fall einer der Favoriten für die EM 2024.
Trainer Luciano Spalletti, der erst seit August 2023 Nationaltrainer ist, kann auf einen starken Kader zurückgreifen.

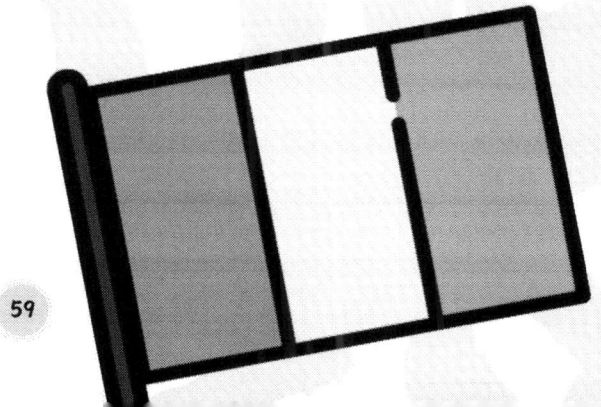

Die Stars der italienischen Mannschaft

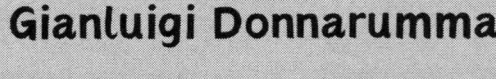

Gianluigi Donnarumma

Aktuelles Team: Paris Saint-Germain

Geburtstag: 25.02.1999

Position: Torwart

Größe: 1,96 m

Länderspiele: 60

Aktueller Marktwert: 40 Mio. €

Nicolò Barella

Aktuelles Team: Inter Mailand

Geburtstag: 07.02.1997

Position: Zentrales Mittelfeld

Größe: 1,75 m

Länderspiele: 51

Aktueller Marktwert: 75 Mio. €

Federico Dimarco

Aktuelles Team: Inter Mailand

Geburtstag: 10.11.1997

Position: Linker Verteidiger

Größe: 1,75 m

Länderspiele: 16

Aktueller Marktwert: 50 Mio. €

Kroatien

Kroatien ist ein weiterer Favorit der Europameisterschaft 2024. Nach dem Vize-Weltmeistertitel 2018 in Frankreich schafften die ''Kockasti'', wie sie auch genannt werden, es unter die besten 3 bei der WM in Katar zu kommen.

In der Qualifikationsrunde konnten sie sich als Gruppenzweiter direkt qualifizieren.

Im Tor wird wieder Dominik Livaković (Dinamo Zagreb) stehen, auf dem Feld natürlich auch Joško Gvardiol (Manchester City) und der erfahrene Luka Modrić (Real Madrid). Modrić ist mit knapp 40 Jahren und fast 170 Länderspielen sehr erfahren.

Kroatien ist in der Gruppe B und hat mit Spanien, Italien und Albanien einige starke Gegner. Gegen Spanien haben die Kroaten schon ein paar Mal gespielt, und das ging meistens gut für die Spanier aus.

Dominik Livaković

Aktuelles Team: Fenerbahçe Istanbul

Geburtstag: 09.01.1995

Position: Torwart

Größe: 1,88 m

Länderspiele: 51

Aktueller Marktwert: 12 Mio. €

Luka Modrić

Aktuelles Team: Real Madrid

Geburtstag: 09.09.1985

Position: Zentrales Mittelfeld

Größe: 1,72 m

Länderspiele: 172

Aktueller Marktwert: 10 Mio. €

Joško Gvardiol

Aktuelles Team: Manchester City

Geburtstag: 23.01.2002

Position: Innenverteidiger

Größe: 1,85 m

Länderspiele: 27

Aktueller Marktwert: 80 Mio. €

Die Spieler in Orange, liebevoll "Oranje" genannt, haben in den letzten Jahren einige Herausforderungen gemeistert. Sie haben die EM 2016 verpasst und sind bei der EM 2021 im Achtelfinale ausgeschieden.

Zunächst musste sich Oranje in der kniffligen Gruppe B der EM 2024 Qualifikation gegen Frankreich, Irland, Griechenland und Gibraltar durchsetzen. Dabei landeten sie auf Platz 2.

Die Qualifikation für die EM war wie eine spannende Schatzsuche. In der Gruppe B trafen sie auf starke Teams wie Frankreich, Irland, Griechenland und Gibraltar.

Nach dem Ausscheiden im Viertelfinale der WM 2022 gegen Argentinien übernahm Ronald Koeman als Trainer für Louis van Gaal. Koeman, selbst Teil des EM-Siegerteams von 1988, bringt Erfahrung mit.

Im Team sind Stars wie Matthijs de Ligt (FC Bayern München), Cody Gakpo (FC Liverpool), Xavi Simons (RB Leipzig) und Virgil van Dijk (FC Liverpool).

Mit solch starken Spielern hat Oranje gute Chancen, bei der EM 2024 weit zu kommen.

Matthijs de Ligt

Aktuelles Team: FC Bayern München

Geburtstag: 12.08.1999

Position: Innenverteidiger

Größe: 1,89 m

Länderspiele: 43

Aktueller Marktwert: 65 Mio. €

Xavi Simons

Aktuelles Team: RB Leipzig

Geburtstag: 21.04.2003

Position: Rechtsaußen

Größe: 1,79 m

Länderspiele: 11

Aktueller Marktwert: 70 Mio. €

Cody Gakpo

Aktuelles Team: FC Liverpool

Geburtstag: 07.05.1999

Position: Linksaußen

Größe: 1,93 m

Länderspiele: 21

Aktueller Marktwert: 50 Mio. €

Zum vierten Mal nimmt die österreichische Nationalmannschaft an einer Europameisterschaft teil.Doch die letzten Jahre waren nicht einfach und glichen einer Achterbahnfahrt.

Bei der EM 2016 schieden sie in der Gruppenphase aus, die WM 2018 verpassten sie, die Qualifikation für die EM 2021 endete erst in der K.O.-Runde und auch die WM 2022 verpassten sie.

Seit Sommer 2022 haben sie den Deutschen Ralf Rangnick als neuen Nationaltrainer verpflichtet. Man darf gespannt sein, wie er und die Mannschaft mit den Gegnern in der Gruppe D zurechtkommen.
Denn mit den Niederlanden und Frankreich sind zwei starke Teams in der Gruppe, die beide zu den Favoriten zählen.

Im Kader stehen Stars wie David Alaba, der seit 2009 für den FC Bayern München spielt, oder Marcel Sabitzer (Borussia Dortmund).

Mit Nachwuchstalenten wie Nicolas Seiwald (RB Leipzig), Patrick Wimmer (VFL Wolfsburg) und Junior Adamu (SC Freiburg) kann Österreich auf eine junge Mannschaft bauen.

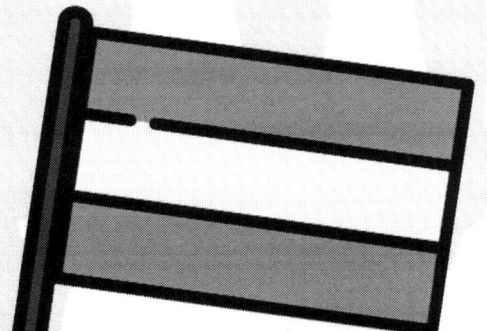

David Alaba

Aktuelles Team: Real Madrid

Geburtstag: 24.06.1992

Position: Innenverteidiger

Größe: 1,80 m

Länderspiele: 105

Aktueller Marktwert: 30 Mio. €

Marcel Sabitzer

Aktuelles Team: Borussia Dortmund

Geburtstag: 17.03.1994

Position: Zentrales Mittelfeld

Größe: 1,77 m

Länderspiele: 77

Aktueller Marktwert: 20 Mio. €

Portugal

Der Europameister von 2016 will in diesem Jahr wieder voll angreifen.
Seit Januar 2016 haben sie einen neuen Trainer, den Spanier Roberto Martínez. Er war zuvor Nationaltrainer von Belgien.

In der Qualifikationsrunde spielten sie gegen Bosnien und Herzegowina, Island, Luxemburg, Slowakei und Liechtenstein. Portugal hat sich für die EURO 2024 durch beeindruckende Leistungen in der Qualifikation qualifiziert, indem sie alle ihre zehn Qualifikationsspiele gewonnen haben.
In der Gruppe F spielen sie gegen die Türkei, Tschechien und einem Play-Off Sieger. Portugal hat also gute Chancen, das Achtelfinale zu erreichen.

Mit dabei sind unter anderem ihr Kapitän Cristiano Ronaldo (al-Nassr FC), der mit 39 Jahren den Rekord für die meisten Einsätze bei Europameisterschaften hält. Hinzu kommen Bernardo Silva (Manchester City) und Rafael Leão (AC Mailand).
Die Mannschaft ist also bestens gerüstet, um die Europameisterschaft zu gewinnen.

Cristiano Ronaldo

Aktuelles Team: Al-Nassr FC

Geburtstag: 05.02.1985

Position: Mittelstürmer

Größe: 1,87 m

Länderspiele: 205

Aktueller Marktwert: 15 Mio. €

Bernardo Silva

Aktuelles Team: Manchester City

Geburtstag: 10.08.1994

Position: Offensives Mittelfeld

Größe: 1,73 m

Länderspiele: 87

Aktueller Marktwert: 80 Mio. €

Rafael Leão

Aktuelles Team: AC Mailand

Geburtstag: 10.06.1999

Position: Linksaußen

Größe: 1,88 m

Länderspiele: 23

Aktueller Marktwert: 90 Mio. €

Rumänien

Bei der Europameisterschaft 2024 gilt die rumänische Mannschaft als Außenseiter, da sie in der FIFA-Weltrangliste nur auf Platz 48 steht. In Zukunft könnte Rumänien aber noch weiter nach vorne kommen.

Die rumänische Mannschaft zeichnet sich traditionell durch eine Mischung aus erfahrenen Profis und vielversprechenden jungen Talenten aus.
Eduard Iordănescu, der seit 2022 Trainer der Nationalmannschaft ist, steht mit seinem Team auf Platz 49 der FIFA-Weltrangliste.

Bekannt wurde Rumänien im Fußball unter anderem durch Gheorghe Hagi. Mit ihm als Spielmacher qualifizierte sich Rumänien 1990, 1994 und 1998 für die Weltmeisterschaften sowie 1996 und 2000 für zwei Europameisterschaften. Im Jahr 1994 erreichte Rumänien das Viertelfinale durch einen Sieg über Argentinien.

Die Stars der rumänischen Mannschaft

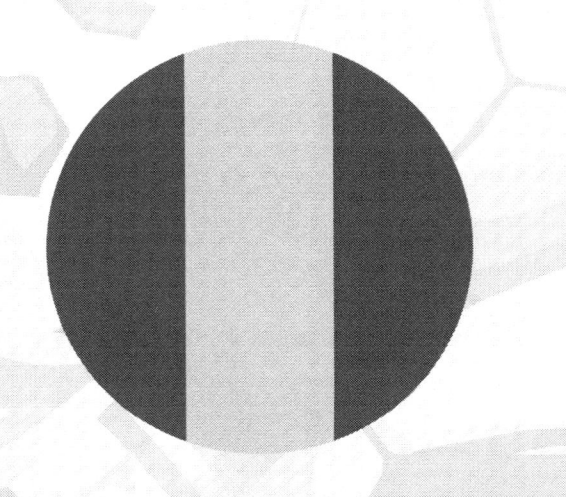

Radu Drăgușin

Aktuelles Team: Tottenham Hotspur

Geburtstag: 03.02.2002

Position: Innenverteidiger

Größe: 1,91 m

Länderspiele: 13

Aktueller Marktwert: 20 Mio. €

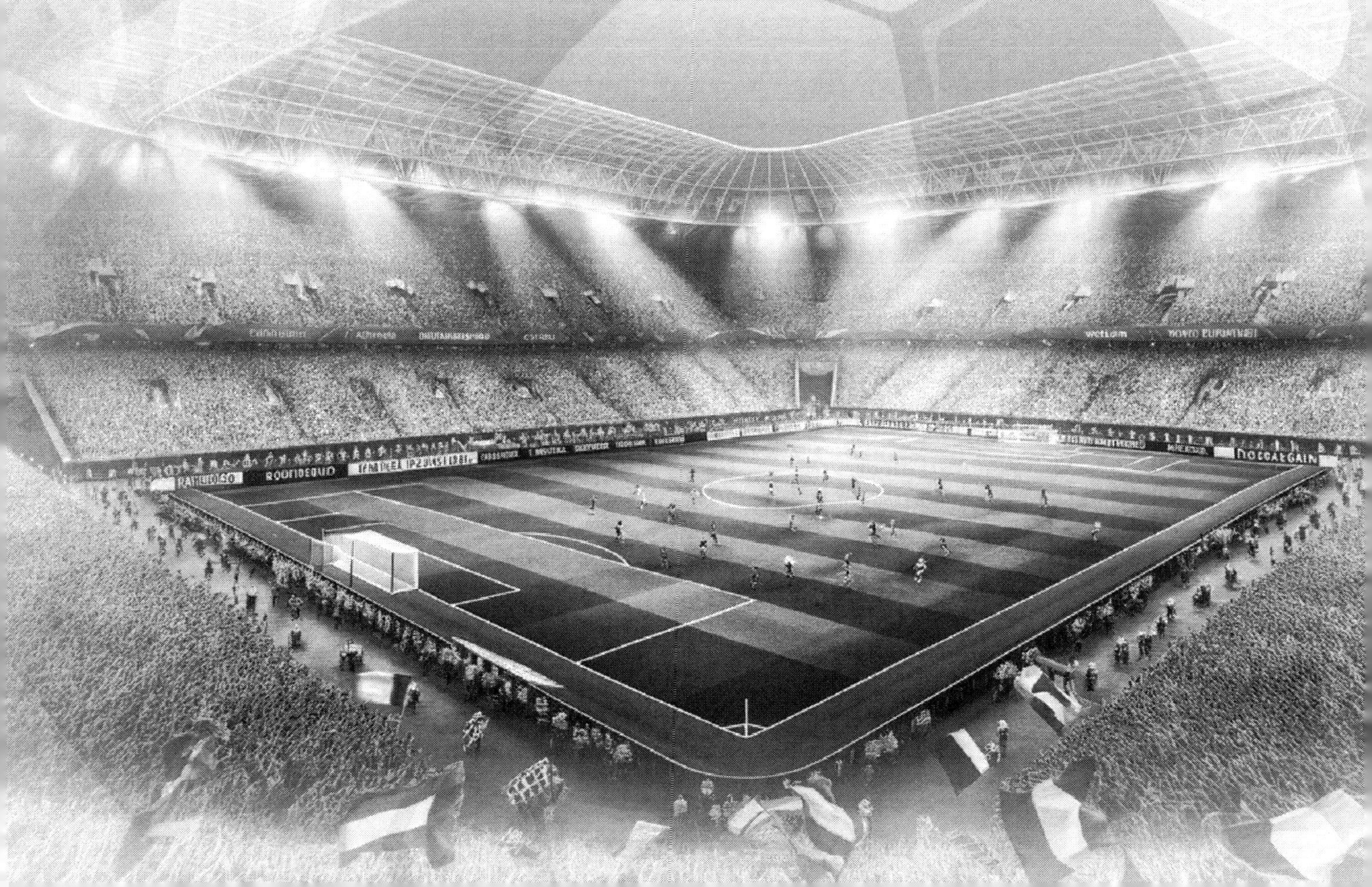

Schottland

Zum vierten Mal ist Schottland bei einer Europameisterschaft dabei.
Sie gelten als Außenseiter, haben sich aber trotzdem in der Qualifikation wacker geschlagen. Spanien, Norwegen, Georgien und Zypern waren ihre Gegner und Schottland hat sich soweit durchgesetzt, so dass sie bei der EM 2024 dabei sind.

Die schottische Mannschaft ist dafür bekannt, sehr kämpferisch zu sein. Sie geben sich also nicht so schnell geschlagen.
Mit ihrem Coach Steve Clark und Spielern wie Andrew Robertson (FC Liverpool) werden die Schotten versuchen, zum ersten Mal ins Achtelfinale zu kommen.

Die Stars der schottischen Mannschaft

Andrew Robertson

Aktuelles Team: FC Liverpool

Geburtstag: 11.03.1994

Position: Linker Verteidiger

Größe: 1,78 m

Länderspiele: 62

Aktueller Marktwert: 35 Mio. €

Kieran Tierney

Aktuelles Team: Real Sociedad

Geburtstag: 05.06.1997

Position: Linker Verteidiger

Größe: 1,80 m

Länderspiele: 39

Aktueller Marktwert: 18 Mio. €

Schweiz

Die Schweizer Nationalmannschaft nimmt zum sechsten Mal an einer Europameisterschaft teil. Bei der Europameisterschaft 2021 erreichte sie mit dem Viertelfinaleinzug ihr bisher bestes EM-Resultat.

Die Bilanz der Fußball-Europameisterschaft 2020/2021 fällt für die Schweiz sehr positiv aus, denn die Mannschaft hat nicht nur das Viertelfinale erreicht, sondern dort auch den amtierenden Weltmeister Frankreich geschlagen.

In der Qualifikation belegte die Schweiz in ihrer Gruppe den zweiten Platz hinter Rumänien.

Murat Yakin, seit 2022 Trainer der Schweizer Nationalmannschaft, kann auf einen großen Kader zurückgreifen.

Neben Mannschaftskapitän Granit Xhaka (Bayer 04 Leverkusen) kann die Schweiz auf Spieler wie Manuel Akanji (Manchester City) und Torhüter Yann Sommer (Inter Mailand) zählen.

Die Stars der schweizerischen Mannschaft

Granit Xhaka

Aktuelles Team: Bayer 04 Leverkusen

Geburtstag: 27.09.1992

Position: Defensives Mittelfeld

Größe: 1,86 m

Länderspiele: 121

Aktueller Marktwert: 20 Mio. €

Manuel Akanji

Aktuelles Team: Manchester City

Geburtstag: 19.07.1995

Position: Innenverteidiger

Größe: 1,88 m

Länderspiele: 57

Aktueller Marktwert: 42 Mio. €

Yann Sommer

Aktuelles Team: Inter Mailand

Geburtstag: 17.12.1988

Position: Torwart

Größe: 1,83 m

Länderspiele: 87

Aktueller Marktwert: 5 Mio. €

Die serbische Nationalmannschaft steht bei der Europameisterschaft 2024 vor ihrer ersten EM-Teilnahme als eigenständiges Team. In der Vergangenheit hat Serbien bereits als Teil der Nationalmannschaften von Jugoslawien und Serbien und Montenegro an Europameisterschaften teilgenommen und dabei auch einige Erfolge feiern können. Aber das ist auch schon eine Weile her.

Die ''Orlovi'' (Adler) hatten gute Chancen, in der Qualifikationsgruppe G für die EM 2024 einen der ersten beiden Plätze zu belegen und sich direkt für die EM in Deutschland zu qualifizieren - am Ende wurde es der zweite Platz hinter Ungarn.

Trainer Dragan Stojkovic, der selbst 85 Länderspiele für Jugoslawien bestritt, hat viele gute Nationalspieler in seinem Team, wie die Stars Dušan Vlahović (Juventus Turin) und Sergej Milinković-Savić (Al-Hilal)

Die serbische Mannschaft ist auf dem Vormarsch und könnte bei der Europameisterschaft 2024 eine gute Figur machen. Doch mit Dänemark, Slowenien und England in der Gruppe C hat Serbien keine leichten Gegner.

Die Stars der serbischen Mannschaft

Sergej Milinković-Savić

Aktuelles Team: Al-Hilal

Geburtstag: 27.02.1995

Position: Zentrales Mittelfeld

Größe: 1,92 m

Länderspiele: 47

Aktueller Marktwert: 35 Mio. €

Dušan Vlahović

Aktuelles Team: Juventus Turin

Geburtstag: 28.01.2000

Position: Mittelstürmer

Größe: 1,90 m

Länderspiele: 25

Aktueller Marktwert: 60 Mio. €

Aleksandar Mitrović

Aktuelles Team: Al-Hilal

Geburtstag: 16.09.1994

Position: Mittelstürmer

Größe: 1,89 m

Länderspiele: 87

Aktueller Marktwert: 28 Mio. €

Slowakei

Die slowakische Nationalmannschaft nimmt zum dritten Mal in Folge an einer Europameisterschaft teil.

In der Qualifikation zur Europameisterschaft belegte die Slowakei in der Gruppe J hinter Portugal den zweiten Platz. Bis auf die Niederlage gegen Portugal und das Unentschieden gegen Luxemburg wurden alle Spiele gewonnen.

Das Team des italienischen Trainers Francesco Calzona ist bekannt für seine sehr gute Defensive und hat mit Milan Škriniar (Paris Saint-Germain) und Dávid Hancko (Feyenoord Rotterdam) zwei gute Spieler im Kader.

Sie kämpfen gegen Belgien, Rumänien und ein Play-Off-Team um den Einzug ins Achtelfinale. Das wird keine leichte Gruppenphase.

Die Stars der slowakischen Mannschaft

Milan Skriniar

Aktuelles Team: Paris SG

Geburtstag: 11.02.1995

Position: Innenverteidiger

Größe: 1,88 m

Länderspiele: 66

Aktueller Marktwert: 45 Mio. €

Dávid Hancko

Aktuelles Team: Feyenoord Rotterdam

Geburtstag: 13.12.1997

Position: Innenverteidiger

Größe: 1,88 m

Länderspiele: 35

Aktueller Marktwert: 35 Mio. €

Slowenien

Slowenien verpasste in der EM-Qualifikation nur knapp den Gruppensieg und belegte hinter Dänemark den zweiten Tabellenplatz. Damit konnte sich Slowenien zum zweiten Mal nach 2000 für eine EM-Teilnahme qualifizieren.

Mit Kapitän Jan Oblak (Atlético Madrid) verfügt Slowenien über einen herausragenden Torhüter, der auch für die Wahl zum FIFA-Welttorhüter des Jahres 2020 nominiert wurde. Zwar gewann in diesem Jahr Manuel Neuer die Wahl, dennoch ist es ein Zeichen seiner besonderen Leistung.

Mit Benjamin Šeško (RB Leipzig) kann Trainer Matjaž Kek, der die slowenische Mannschaft seit 2018 betreut, auf einen weiteren erfahrenen Spieler hoffen. Slowenien geht als Außenseiter in die Europameisterschaft.

Die Stars der slowenischen Mannschaft

Jan Oblak

Aktuelles Team: Atlético Madrid

Geburtstag: 07.01.1993

Position: Torwart

Größe: 1,88 m

Länderspiele: 60

Aktueller Marktwert: 35 Mio. €

Benjamin Šeško

Aktuelles Team: RB Leipzig

Geburtstag: 31.05.2003

Position: Mittelstürmer

Größe: 1,95 m

Länderspiele: 25

Aktueller Marktwert: 30 Mio. €

Spanien

Die spanische Nationalmannschaft hat einige glorreiche Zeiten hinter sich. Doch können sie in der Europameisterschaft daran anknöpfen?

Sie haben bisher drei EM-Titel geholt und sind somit zusammen mit Deutschland Rekordhalter. Direkt danach kommen Frankreich und Italien.

In der Qualifikationsrunde haben sie 7 von 8 Spielen gewonnen, nur das erste Spiel gegen Schottland haben sie verloren. In der Gruppe B werden sie auf Kroatien, Italien und Albanien treffen. Somit haben sie den kommenden EM-Titelträger direkt in ihrer Gruppe.

Seit Dezember 2022 ist Luis de la Fuente Trainer der spanischen Nationalmannschaft. Er hat viele gute Spieler in seinem Kader, mit welchen die Spanier gefährlich werden für ihre Gegner.

Mit ihrem Torwart Unai Simón (Athletic Bilbao) und den Spielern wie Álvaro Morata (Atlético Madrid) oder Mikel Merino (Real Sociedad San Sebastián) sind die Spanier sicherlich gut aufgestellt.

Die Stars der spanischen Mannschaft

Unai Simón

Aktuelles Team: Athletic Bilbao

Geburtstag: 11.06.1997

Position: Torwart

Größe: 1,90 m

Länderspiele: 38

Aktueller Marktwert: 25 Mio. €

Álvaro Morata

Aktuelles Team: Atlético Madrid

Geburtstag: 23.10.1992

Position: Mittelstürmer

Größe: 1,89 m

Länderspiele: 69

Aktueller Marktwert: 20 Mio. €

Mikel Merino

Aktuelles Team: Real Sociedad

Geburtstag: 22.06.1996

Position: Zentrales Mittelfeld

Größe: 1,89 m

Länderspiele: 19

Aktueller Marktwert: 50 Mio. €

Tschechien

Zum achten Mal in Folge nimmt Tschechien an der Europameisterschaft teil. Auch wenn sie als Außenseiter gelten, sollte man sie nicht unterschätzen. Vielleicht gelingt ihnen 2024 wieder eine Überraschung wie 1996, als sie bei ihrer EM-Premiere bis ins Finale vorstießen.

In der EM-Qualifikation belegte Tschechien in der Gruppe E hinter Albanien den zweiten Platz und ließ damit Polen und Moldawien hinter sich. Überraschend erklärte Trainer Jaroslav Šilhavý nach dem letzten Qualifikationsspiel seinen Rücktritt. Sein Nachfolger Ivan Hašek hat somit nicht mehr viel Zeit, sich auf die EM vorzubereiten.

Im Kader der tschechischen Nationalmannschaft stehen Adam Hložek, Patrick Schick (beide Bayer 04 Leverkusen) und Tomáš Souček (West Ham United).

Die Spieler Jakub Brabec (Aris Saloniki), Vladimír Coufal (West Ham United) und Jan Kuchta (Sparta Prag) wurden im November 2023 wegen eines Diskobesuchs aus dem Kader ausgeschlossen. Es ist unklar, ob sie an der EM teilnehmen werden.

Die Stars der tschechischen Mannschaft

Adam Hложek

Aktuelles Team: Bayer 04 Leverkusen

Geburtstag: 25.07.2002

Position: Mittelstürmer

Größe: 1,88 m

Länderspiele: 29

Aktueller Marktwert: 15 Mio. €

Patrick Schick

Aktuelles Team: Bayer 04 Leverkusen

Geburtstag: 24.01.1996

Position: Mittelstürmer

Größe: 1,91 m

Länderspiele: 35

Aktueller Marktwert: 22 Mio. €

Tomáš Souček

Aktuelles Team: West Ham United

Geburtstag: 27.02.1995

Position: Defensives Mittelfeld

Größe: 1,92 m

Länderspiele: 66

Aktueller Marktwert: 35 Mio. €

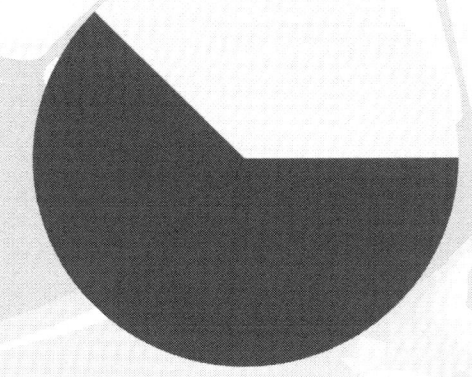

Türkei

Die Türkei ist ein regelmäßiger Teilnehmer an Europameisterschaften. Sie konnten sich für 5 der letzten 7 Meisterschaften qualifizieren und sind immer für eine Überraschung gut.

Nachdem Stefan Kuntz während der Qualifikation entlassen wurde, hat der Italiener Vincenzo Montella die Trainerrolle übernommen.

In der Qualifikation spielten sie in der Gruppe D gegen Kroatien, Wales, Armenien und Lettland durchsetzen. Mit fünf Siegen, zwei Unentschieden und einem verlorenen Spiel wurden sie Tabellenführer.

In der Gruppenphase sind sie mit Portugal, Tschechien und einem Play-Off Sieger in Gruppe F. Somit haben sie es nicht einfach, ins Achtelfinale zu kommen.

Die türkische Mannschaft hat einige gute Spieler. Der Kader steht zwar noch nicht fest, aber Spieler wie Kerem Aktürkoğlu (Galatasaray Istanbul), Ferdi Kadıoğlu (Fenerbahçe Istanbul), Salih Özcan (Borussia Dortmund) oder Hakan Çalhanoğlu (Inter Mailand) könnten dabei sein.

Die Stars der türkischen Mannschaft

Kerem Aktürkoğlu

Aktuelles Team: Galatasaray Istanbul

Geburtstag: 21.10.1998

Position: Linksaußen

Größe: 1,73 m

Länderspiele: 26

Aktueller Marktwert: 17 Mio. €

Ferdi Kadıoğlu

Aktuelles Team: Fenerbahçe Istanbul

Geburtstag: 07.10.1999

Position: Linker Verteidiger

Größe: 1,74 m

Länderspiele: 15

Aktueller Marktwert: 20 Mio. €

Salih Özcan

Aktuelles Team: Borussia Dortmund

Geburtstag: 11.01.1998

Position: Defensives Mittelfeld

Größe: 1,83 m

Länderspiele: 16

Aktueller Marktwert: 13 Mio. €

Ungarn

Ungarn nimmt zum dritten Mal an einer Europameisterschaft teil. In der Qualifikation setzten sich die Ungarn gegen Serbien, Montenegro, Litauen und Bulgarien durch. Etwas Glück war auch dabei, denn im Spiel gegen Bulgarien sorgte ein Eigentor in der letzten Minute der Nachspielzeit für das 2:2.

Übrigens: Zwischen Mai 1950 und Juli 1954 blieb die ungarische Nationalmannschaft in 32 aufeinander folgenden Pflichtspielen ungeschlagen. Deshalb wurde sie auch die ''Goldene Elf'' genannt.

Ungarn spielt in der Gruppe A gegen Deutschland, Schottland und die Schweiz. Sie sind ein ernst zu nehmender Gegner.

Die ''Magyarok'' (heißt Ungarn auf Ungarisch) haben seit 2018 Marco Rossi als Trainer, der die Mannschaft also gut kennt.
In seinem Kader stehen Spieler wie Dominik Szoboszlai (FC Liverpool), Roland Sallai (SC Freiburg) oder auch Milos Kerkez (AFC Bournemouth). An Letzterem sind unter anderem Vereine wie Borussia Dortmund, Lazio Rom und Atlético Madrid interessiert. Das spricht eindeutig für seine Qualitäten.

Die Stars der ungarischen Mannschaft

Dominik Szoboszlai

Aktuelles Team: FC Liverpool

Geburtstag: 25.10.2000

Position: Zentrales Mittelfeld

Größe: 1,87 m

Länderspiele: 38

Aktueller Marktwert: 75 Mio. €

Milos Kerkez

Aktuelles Team: Bournemouth

Geburtstag: 07.11.2003

Position: Linker Verteidiger

Größe: 1,80 m

Länderspiele: 13

Aktueller Marktwert: 20 Mio. €

DIE STADIEN

Die Stadien sind der Ort, an dem sich die Magie der Europameisterschaft abspielt. Die Mannschaften werden um jeden Ball kämpfen und ihr Bestes geben, um jedes Spiel zu gewinnen.

Die EM wird in folgenden Städten ausgetragen: Berlin, München, Düsseldorf, Stuttgart, Köln, Hamburg, Leipzig, Dortmund, Gelsenkirchen und Frankfurt.

Ursprünglich hatten sich für 2017 insgesamt 18 Städte und Stadien beworben. Anfangs dabei, dann aber ausgeschieden sind Dresden, Freiburg, Karlsruhe und Kaiserslautern. Bis zuletzt dabei waren Nürnberg, Hannover, Mönchengladbach und Bremen.

Die UEFA hat die Städte und Stadien nach verschiedenen Kriterien ausgewählt. Ein Stadion muss zum Beispiel mindestens 30.000 Sitzplätze haben. Die Stadien wurden von UEFA-Vertretern besichtigt und mögliche Um- und Ausbauten geprüft, Sicherheitsaspekte und die Infrastruktur analysiert.

Philipp Lahm war übrigens offizieller Botschafter der deutschen EM-Bewerbung. ''United by Football - Vereint im Herzen Europas'' lautet das Motto der deutschen EM-Bewerbung. Das dazugehörige Logo wurde im Rahmen eines Designwettbewerbs ausgewählt. Es zeigt zwei Herzen in den Farben Schwarz-Rot-Gold, eine 24 und den Schriftzug ''Germany Candidate for UEFA EURO 2024''.

Auch an die Mannschaften wurde gedacht. Die Spiele einer Gruppe werden nur in zwei verschiedenen Regionen ausgetragen, um die Reisetätigkeit zu reduzieren.

Acht Stadien wurden von der UEFA nur für die EM umbenannt. Da einige Stadien die Namen von Werbepartnern tragen (z.B. Allianz Arena in München) und die UEFA eigene Werbepartner hat, mussten sogar einige Schilder entfernt werden.

Wenn du die Stadien in Farbe sehen möchtest, dann benutze den QR-Code rechts neben diesem Text. Im Download findest du alle Stadien in Farbe.

Berlin

Name: Olympiastadion
UEFA-Name: Olympiastadion Berlin
Kapazität: 74.475 Sitzplätze
UEFA-Kapazität: 71.000 Sitzplätze
Gastgeber: Hertha BSC

Das Olympiastadion Berlin vereint sportliche Groß-ereignisse, historische Bedeutung und architektonische Schönheit. Es wurde 1936 errichtet und zuletzt im Vorfeld der FIFA-Weltmeisterschaft 2006 renoviert und modernisiert. Nun ist es einer der modernsten Sportstätten in Europa, hat aber seinen historischen Wert nicht verloren. Die Fassade ist erhalten geblieben. Aufgrund der Bedeutung und der tollen Architektur steht es unter Denkmalschutz.

Es wird nicht nur für Fußballspiele genutzt, sondern auch für Leichtathletik-wettbewerbe, Konzerte und andere Großveranstaltungen.

Neben den Olympischen Spielen 1936 war das Olympiastadion Austragungsort vieler bedeutender Sportereignisse, darunter Spiele der Fußball-Weltmeisterschaften 1974 und 2006, das UEFA Champions League Finale 2015 sowie jährlich das DFB-Pokalfinale.

Es ist das einzige Bundesliga-Stadion, das keinen Stehplatzbereich hat.

Dortmund

Name: Signal Iduna Park
UEFA-Name: BVB Stadion Dortmund
Kapazität: 81.365 Sitzplätze
UEFA-Kapazität: 62.000 Sitzplätze
Gastgeber: Borussia Dortmund

Ursprünglich 1974 für die Fußball-Weltmeisterschaft erbaut, wurde das Stadion mehrfach renoviert und erweitert. Es bietet ein unglaubliches Fanerlebnis und ist bekannt für seine stimmungsvolle Atmosphäre während der Spiele.

Die Südtribüne, auch "Gelbe Wand" genannt, trägt wesentlich zu dieser Atmosphäre bei. Diese Stehplatztribüne ist mit fast 25.000 Plätzen die größte Europas. Sie ist 100 Meter breit, 40 Meter hoch und steil wie eine Skisprungschanze!

Das Stadion wird auch für andere Veranstaltungen wie Konzerte und Großereignisse genutzt. Seine Flexibilität und moderne Ausstattung machen es zu einem vielseitigen Veranstaltungsort. Neben den Heimspielen von Borussia Dortmund fanden hier beispielsweise das UEFA-Cup-Finale 2001 und einige Spiele der Champions League statt.

Düsseldorf

Name: Merkur Spiel Arena
UEFA-Name: Düsseldorf Arena
Kapazität: 54.600 Zuschauer
UEFA-Kapazität: 47.000 Sitzplätze
Gastgeber: Fortuna Düsseldorf

Zwischen 2002 und 2004 erbaut, wurde die Merkur Spiel-Arena leicht versetzt auf dem Gelände des alten Rheinstadions im Januar 2005 eröffnet. Die Arena ist im Vergleich zu den anderen EM-Stadien ein mittelgroßes Stadion. Die Architektur des Stadions zeichnet sich durch ein modernes Design mit einem schließbaren Dach und einer einzigartigen Fassade aus.

Seit ihrer Eröffnung im Jahr 2004 hat das Stadion zahlreiche Veranstaltungen beherbergt. Darunter waren internationale Fußballspiele, Leichtathletik-Wettbewerbe und große Musikveranstaltungen. Es wird z.B. für die Football Spiele der Düsseldorf Panther verwendet.

Das Stadion richtet das Eröffnungsspiel der Handball-EM 2024 aus. Zudem gab es in diesem Stadion den höchsten Sieg der Bundesliga-Geschichte - ein 12:0 von Borussia Mönchengladbach gegen Borussia Dortmund.

Frankfurt

Name: Deutsche Bank Park
UEFA-Name: Frankfurt Arena
Kapazität: 58.000 Zuschauer
UEFA-Kapazität: 47.000 Sitzplätze
Gastgeber: Eintracht Frankfurt

Das Stadion wurde 1925 erbaut und erhielt seine letzte große Renovierung im Jahr 2006 im Hinblick auf die FIFA WM 2006, bei der es modernisiert und seine Kapazität erhöht wurde.

Die Besonderheit des Stadions ist das 37.400 m2 große Zeltdach. Es überspannt die Zuschauerränge und das Spielfeld, so dass auch bei starkem Regen weitergespielt werden kann. Innerhalb von ca. 20 Minuten kann es aus- bzw. eingefahren werden.

In diesem Stadion finden neben Fußballspielen auch andere Veranstaltungen statt. Superstars wie Beyonce, Rammstein oder auch der World Club Dome nutzen das Stadion für ihre Konzerte. Im Rahmen der National Football League International Series werden hier auch 5 NFL Spiele stattfinden.

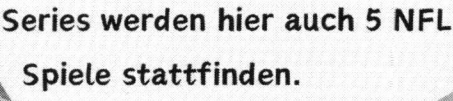

Gelsenkirchen

Name: Veltins-Arena
UEFA-Name: Arena AufSchalke
Kapazität: 62.271 Zuschauer
UEFA-Kapazität: 50.000 Sitzplätze
Gastgeber: FC Schalke 04

Die Veltins-Arena wurde im August 2001 nach dreijähriger Bauzeit fertiggestellt. Als Multifunktionsstadion mit verschließbarem Dach und verschiebbarem Rasen kann sie auch für andere Veranstaltungen genutzt werden.

Der Spielertunnel wurde in Anlehnung an die Schalker Tradition als Club der Bergarbeiter gestaltet. Mit über 305 Quadratmetern Bildfläche ist der Videowürfel einer der größten Europas. Es ist also ein Stadion mit einigen Besonderheiten.

Zu den legendärsten Fußballspielen, die hier ausgetragen wurden, zählen das Champions-League-Finale 2004 und das WM-Viertelfinale 2006.
Neben Opern und Musicals wurde die Arena auch für Konzerte der Rolling Stones, Robbie Williams oder Pink genutzt.

Im Jahr 2015 fand hier der Boxkampf zwischen Wladimir Klitschko und Tyson Fury statt.

Hamburg

Name: Volksparkstadion
UEFA-Name: Volksparkstadion Hamburg
Kapazität: 57.000 Zuschauer
UEFA-Kapazität: 49.000 Sitzplätze
Gastgeber: Hamburger SV

Das Volksparkstadion wurde 1953 erbaut und von 1998 bis 2000 zu einem reinen Fußballstadion umgebaut. Dabei wurde das Spielfeld um 90 Grad gedreht. Für die Fußball-Weltmeisterschaft 2006 wurde das Stadion weiter umgebaut und auch für die Fußball-Europameisterschaft 2024 werden einige Umbaumaßnahmen durchgeführt, die am Ende rund 30 Millionen Euro kosten werden.

Das Stadion verfügt über ein Dach, das fast alle Sitzplätze vor Regen schützt. Außerdem verfügt es über eine hochmoderne Videowand, die zu den größten in europäischen Fußballstadien zählt.

Wie viele andere Stadien kann das Volksparkstadion auch für andere Veranstaltungen genutzt werden. Stars wie Helene Fischer oder Taylor Swift werden hier 2024 auftreten.

Zu den bedeutendsten Spielen im Volksparkstadion zählen das Viertelfinale der Fußball-Weltmeisterschaft 2006 und das Finale der Europa League 2010.

Köln

Name: Rhein Energie Stadion
UEFA-Name: Stadion Köln
Kapazität: 50.000 Zuschauer
UEFA-Kapazität: 46.922 Sitzplätze
Gastgeber: 1. FC Köln

Das ursprünglich 1923 erbaute Stadion wurde im Laufe der Jahre mehrfach umgebaut und renoviert, um es modernen Standards anzupassen. Die letzte große Renovierung fand im Jahr 2004 statt, um das Stadion für die FIFA Fußball-Weltmeisterschaft 2006 vorzubereiten.

In den letzten Jahren wurden verschiedene Maßnahmen zur Steigerung der Energieeffizienz und Nachhaltigkeit im Rhein Energie Stadion umgesetzt. Dazu gehört beispielsweise die Nutzung von Regenwasser zur Bewässerung des Spielfelds.

Die Architektur des Stadions ist modern und funktional mit einem markanten Dach, das fast alle Zuschauerplätze vor Witterungs-einflüssen schützt. Das Stadion ist auch für seine hervorragende Akustik bekannt, die es zu einem beliebten Veranstaltungsort für Live-Musik macht.

Das Stadion war Austragungsort mehrerer internationaler Fußballspiele, darunter Spiele der FIFA-WM 2006 und der UEFA Europa League.

Leipzig

Name: Red Bull Arena
UEFA-Name: Leipzig Stadion
Kapazität: 47.069 Zuschauer
UEFA-Kapazität: 40.000 Sitzplätze
Gastgeber: RB Leipzig

Das ursprüngliche Zentralstadion wurde zur Fußball-WM 1956 eröffnet und war mit einer Kapazität von über 100.000 Zuschauern eines der größten Stadien der Welt.

Im Jahr 2000 wurde das alte Zentralstadion abgerissen. Für die Fußball-WM 2006 wurde an gleicher Stelle das neue Zentral-stadion als reines Fußballstadion errichtet.

Doch es fehlten eine professionelle Fußballmannschaft und der passende Investor. Dann wurde ein Investor gefunden: Red Bull. 2009 hat dann Red Bull den Verein RB Leipzig mitgegründet und 2010 wurde das Stadion in Red Bull Arena umbenannt.

Im Jahr 2002 fand im damaligen Zentralstadion das Deutsche Turnfest statt. Auch für die Fußball-Weltmeisterschaft 2006 wurde das Stadion genutzt. Neben Helene Fischer und Rammstein traten hier schon Stars wie Bon Jovi oder der Komiker Mario Barth auf.

München

Name: Allianz Arena
UEFA-Name: München Fußball Arena
Kapazität: 75.000 Zuschauer
UEFA-Kapazität: 66.000 Sitzplätze
Gastgeber: FC Bayern München

Die Allianz Arena in München, eröffnet im Jahr 2005, ist eines der modernsten und architektonisch beeindruckendsten Fußballstadien der Welt.

Sie ist besonders bekannt für ihre einzigartige Außenfassade mit 2760 beleuchtbaren Folienkissen, die in verschiedenen Farben beleuchtet werden kann.
Ursprünglich war es nur in den Farben Rot (für FC Bayern München), Blau (für 1860 München, ehemals auch im Stadion spielend) oder Weiß (für die deutsche Nationalmannschaft) machbar. Durch einen Umbau 2014 wurden die Kissen mit LED-Leuchten nachgerüstet und können seitdem in allen Farben leuchten.

Die Allianz Arena war Austragungsort zahlreicher bedeutender Fußballspiele, darunter Spiele der FIFA-Weltmeisterschaft 2006, das Finale der UEFA Champions League 2012 und zahlreiche entscheidende Bundesliga- und Champions League-Begegnungen des FC Bayern München.

Stuttgart

Name: Stuttgart Arena
UEFA-Name: MHP-Arena
Kapazität: 60.449 Zuschauer
UEFA-Kapazität: 51.000 Sitzplätze
Gastgeber: FC Bayern München

Die MHP-Arena in Stuttgart, ursprünglich Neckar-stadion, dann Gottlieb-Daimler-Stadion und bis Juni 2023 Mercedes-Benz-Arena, wurde 1933 erbaut. Seitdem wurde es immer wieder modernisiert.

Im Vorfeld der FIFA Fußball-Weltmeisterschaft 2006 wurde auch dieses Stadion umgebaut, um es zu modernisieren und die Zuschauerkapazität zu erhöhen. Weitere Umbauten erfolgten u.a. als Vorbereitung auf die Europameisterschaft 2024.

Auch hier wird Wert auf Nachhaltigkeit gelegt, indem Regenwasser genutzt wird und Energieeffizienzprogramme aufgelegt wurden.

Die Arena war Austragungsort mehrerer internationaler Turniere, darunter die Fußball-Weltmeisterschaften 1974 und 2006 sowie die UEFA Euro 1988.
Regelmäßig ist auch der Zieleinlauf des Stuttgart-Laufs in der Arena.

DIE DEUTSCHE MANNSCHAFT

Der deutsche Kader steht noch nicht fest. Bis zum 07.06.2024 um Mitternacht muss der Trainer Julian Nagelsmann bekannt geben, wer dabei ist.

Damit du dir einen Überblick über die möglichen Spieler verschaffen kannst, findest du hier eine passende Übersicht.

Torwart

Manuel Neuer

Verein: FC Bayern München

Länderspiele: 117 / Tore: 0

Geburtstag: 27.03.1986

Marc-André ter Stegen

Verein: FC Barcelona

Länderspiele: 38 / Tore: 0

Geburtstag: 30.04.1992

Oliver Baumann

Verein: TSG Hoffenheim

Länderspiele: 0 / Tore: 0

Geburtstag: 02.06.1990

Bernd Leno

Verein: FC Fulhamn

Länderspiele: 9 / Tore: 0

Geburtstag: 04.03.1992

Abwehr

Robin Gosens

Verein: 1. FC Union Berlin

Länderspiele: 20 / Tore: 2

Geburtstag: 05.07.1994

Mats Hummels

Verein: Borussia Dortmund

Länderspiele: 78 / Tore: 5

Geburtstag: 16.12.1988

David Raum

Verein: RB Leipzig

Länderspiele: 19 / Tore: 2

Geburtstag: 22.04.1998

Antonio Rüdiger

Verein: Real Madrid

Länderspiele: 66 / Tore: 3

Geburtstag: 03.03.1993

Niklas Süle

Verein: Borussia Dortmund

Länderspiele: 49 / Tore: 1

Geburtstag: 03.09.1995

Jonathan Tah

Verein: Bayer 04 Leverkusen

Länderspiele: 21 / Tore: 0

Geburtstag: 11.02.1996

Mittelfeld

Robert Andrich
Verein: Bayer 04 Leverkusen
Länderspiele: 1 / Tore: 0
Geburtstag: 22.09.1994

Julian Brandt
Verein: Borussia Dortmund
Länderspiele: 47 / Tore: 3
Geburtstag: 02.05.1996

Leon Goretzka
Verein: FC Bayern München
Länderspiele: 57 / Tore: 14
Geburtstag: 06.02.1995

Kai Havertz
Verein: FC Arsenal
Länderspiele: 42 / Tore: 14
Geburtstag: 11.06.1999

İlkay Gündoğan
Verein: FC Barcelona
Länderspiele: 73 / Tore: 18
Geburtstag: 24.10.1990

Jonas Hofmann
Verein: Bayer 04 Leverkusen
Länderspiele: 23 / Tore: 4
Geburtstag: 14.07.1992

Joshua Kimmich
Verein: FC Bayern München
Länderspiele: 82 / Tore: 6
Geburtstag: 08.02.1995

Grischa Prömel
Verein: TSG Hoffenheim
Länderspiele: 0 / Tore: 0
Geburtstag: 09.01.1995

Toni Kroos
Verein: Real Madrid
Länderspiele: 106 / Tore: 17
Geburtstag: 04.01.1990

Leroy Sané
Verein: FC Bayern München
Länderspiele: 59 / Tore: 13
Geburtstag: 11.01.1996

Angriff

Marvin Ducksch

Verein: SV Werder Bremen

Länderspiele: 2 / Tore: 0

Geburtstag: 07.03.1994

Niclas Füllkrug

Verein: Borussia Dortmund

Länderspiele: 13 / Tore: 10

Geburtstag: 09.02.1993

Thomas Müller

Verein: FC Bayern München

Länderspiele: 126 / Tore: 45

Geburtstag: 13.09.1989

Serge Gnabry

Verein: FC Bayern München

Länderspiele: 45 / Tore: 22

Geburtstag: 14.07.1995

Finaler Kader

Sobald der endgültige deutsche Kader feststeht, kannst du ihn hier eintragen.

Name	Position

Name	Position

Statistiken

Die Rekordtorschützen

Nr.	Name (Spielzeit)	Spiele	Tore	Elfmeter
1	Miroslav Klose (2001–2014)	137	71	0
2	Gerd Müller (1966–1974)	62	68	5
3	Joachim Streich (1969–1984)	105	59	2
4	Lukas Podolski (2004–2017)	130	49	3
5	Jürgen Klinsmann (1987–1998)	108	47	3
6	Rudi Völler (1982–1994)	90	47	1
7	Thomas Müller (2010–2024)	126	45	3
8	Karl-Heinz Rummenigge (1976–1986)	95	45	3
9	Uwe Seeler (1954–1970)	72	43	0
10	Michael Ballack (1999–2010)	98	42	10

Die Rekordspieler

Nr.	Name (Spielzeit)	Spiele	Tore	Elfmeter
1	Lothar Matthäus (1980-2000)	150	23	6
2	Miroslav Klose (2001-2014)	137	71	0
3	Lukas Podolski (2004-2017)	130	49	3
4	Thomas Müller (2010-2023)	126	45	2
5	Bastian Schweinsteiger (2004-2016)	121	24	5
6	Manuel Neuer (2009-2024)	117	0	0
7	Philipp Lahm (2004-2014)	113	5	0
8	Jürgen Klinsmann (1987-1998)	108	47	3
9	Toni Kroos (2010-2024)	106	17	3
10	Jürgen Kohler (1986-1998))	105	2	0

DAS FUSSBALL QUIZ

Bist du bereit, dein Wissen über den weltweit beliebtesten Sport auf die Probe zu stellen? Egal, ob du gerade erst anfängst, die faszinierende Welt des Fußballs zu entdecken, oder ob du schon seit Jahren nicht genug von diesem Spiel bekommen kannst – dieses Quiz wird dich herausfordern und unterhalten.

Von leichten Fragen, die dich sanft ins Spiel einführen, bis hin zu kniffligen Rätseln, die selbst erfahrene Fußballkenner ins Schwitzen bringen können, haben wir alles für dich vorbereitet. Es ist Zeit, deine Leidenschaft für Fußball zu nutzen und zu beweisen, dass du ein wahrer Experte bist.

Also, schnüre deine Fußballschuhe, wärme dich auf und mach dich bereit, dein Fußballwissen zum Glänzen zu bringen. Viel Spaß und Erfolg beim Lösen der Quizfragen!

1 Wann war die erste Fußball-Europameisterschaft?

A 1954

C 1960

B 1956

D 1964

2 Wie hiess die Arena in Stuttgart bis Juni 2023?

A Daimler Arena

C Mercedes-Benz Arena

B MHP Arena

D Stuttgart Arena

3 Wie viele EM-Spiele hat Cristiano Ronaldo absolviert?

A 25

C 35

B 15

D 23

4 In wie vielen Ländern wurde die EM 2020 ausgetragen?

(A) 10

(C) 12

(B) 11

(D) 13

5 In welcher Stadt findet kein EM-Spiel statt?

(A) Berlin

(C) Freiburg

(B) Köln

(D) München

6 Wer wurde als Trainer und Spieler EM-Sieger?

(A) Berti Vogts

(C) Julian Nagelsmann

(B) Joachim Löw

(D) Hansi Flick

7 Wie viel Tore wurden bei der EM 2021 insgesamt geschossen?

(A) 132

(C) 142

(B) 162

(D) 122

8 Wer hat am meisten Tore bei einer EM geschossen?

(A) Thomas Müller

(C) Xabi Alonso

(B) Michael Platini

(D) Zinédine Zidane

9 Welcher Spieler erzielte das schnellste Tor?

A Cristiano Ronaldo

C Bastian Schweinsteiger

B Dmitri Kiritschenko

D Harry Kane

10 In welcher Nationalmannschaft spielt David Alaba?

A Deutschland

C Niederlande

B Schweiz

D Österreich

11 Wer ist der älteste Spieler, der bei einer EM spielte?

A Gábor Király

C Manuel Neuer

B Maarten Stekelenburg

D Zlatan Ibrahimovic

12 Welche zwei Länder haben die meisten EM-Titel?

A Deutschland & Belgien

C Italien & Spanien

B Spanien & Frankreich

D Deutschland & Spanien

13 Wo wird das EM-Finale stattfinden?

A München

C Berlin

B Hamburg

D Dortmund

Lösungen

1. C) 1960
2. C) Mercedes-Benz Arena
3. A) 25
4. B) 11
5. C) Freiburg
6. A) Berti Vogts
7. C) 142
8. B) Michael Platini
9. B) Dmitri Kiritschenko
10. D) Österreich
11. A) Gábor Király
12. D) Deutschland & Spanien
13. C) Berlin

Die deutsche Nationalmannschaft feiert den Sieg bei der EM 2014.

Vielen Dank, dass du unser Buch gekauft hast!

Solltest du Fragen oder Anmerkungen zu diesem Buch
haben, freuen wir uns über eine E-Mail an
info@wortwelten-verlag.de.

Wir hoffen, dass dir das Buch gefällt und wünschen dir viel
Spaß bei der Europameisterschaft.

Wenn du das Buch auf Amazon bewerten würdest, dann
würdest du uns und anderen Käufern helfen.
Dazu kannst du entweder auf www.amazon.de/ryp gehen
oder den QR-Code benutzen.
Vielen Dank.

www.wortwelten-verlag.de

ISBN

978-3-9825766-6-4

Julian Müller wird vertreten durch:

Wortwelten Verlag

c/o Block Services

Stuttgarter Str. 106

70736 Fellbach

Lizenzierte Bilder von:

Flaticon, Shutterstock